AF308740

PANEGYRIQVE

A

MONSEIGNEVR

LE CARDINAL DE RICHELIEV, SVR CE qui s'est passé aux derniers troubles de France.

A PARIS,

Chez TOVSSAINGT DV BRAY, ruë sainct Iacques, aux espics meurs.

M. DC. XXIX.

AVEC PRIVILEGE DV ROY.

AVERTISSEMENT.

Ien que i'aye essaié de faire
ce Panegyrique selon l'art
des Anciens, & les prece-
ptes qu'ils nous ont laissez
pour l'Eloquence, ie ne suis pas pourtant
si presomptueux, que d'auoir pensé reüs-
sir bien du premier coup, en ce nouueau
genre d'escrire, ou pour le moins peu prat-
tiqué en nostre langue. La plus-part des
discours que nous voions, sont tissus de
Citations & Aplications continuelles,
qui ne sont qu'effets de lecture, & de memoire: ou bien sont des amas de pensées
subtiles & rares, accompaignées de la
grace de l'Elocution, qui donne à la verité du plaisir, & flattent les sens; mais
qui touchent peu la raison, & n'esbran-
lent gueres nostre Creance. Mais de
former vn corps qui soit accomply de
toutes ses parties, & proportions: qui
naisse de la force, & de la bonté du Rai-
sonnement, & en vn mot qui nous con-

ā ij

duise à la veritable fin de l'Eloquence,
qui est de persuader; c'est ce que plusieurs
de ceux qui le pourroient faire, negligent.
En ce que ie te presente, Lecteur, tu con-
sidereras, qu'il y a bien de la difference
entre vn discours qui doit estre prononcé,
& vn qui ne doit estre que leu. En celuy cy les figures doiuét estre plus douces,
& les mouuemens moins impetueux
qu'en l'autre, & il y faut trauailler dauantage apres l'Entendement, & agir
auec vn plus grand nombre de raisons,
que quand on a le secours de la voix, &
de l'action, qui font d'estranges effets sur
les ames. Je te dis encor, Lecteur, que
ie pense estre bien loin de ce que ie me suis
proposé, & de ce que d'autres peuuent
faire.

PANEGYRIQVE

A

MONSEIGNEVR

LE CARDINAL DE RICHELIEV, SVR ce qui s'est passé aux der-niers troubles de France.

MONSEIGNEVR,

l'ay douté d'abord, si ce n'estoit point hors de saison que ie prenois la liberté de vous escrire, & si ie n'auois pas mauuaise grace de me presenter pour vous entretenir, dans les premiers sentimens de la plus grande joye, & du

A

plus iuſte contentement, qui vous pouuoit iamais arriuer au monde : Mais
quand i'ay conſideré que les affaires qui
vous occupoient il n'y a pas long-
temps, ne vous ont pas oſté le ſoin que
vous auez des plus petites de vos crea-
tures, & que dans la plus haute entrepriſe de ce ſiecle, vous vous eſtes ſou-
uenu de me faire du bien ; i'ay connu
qu'il n'y auoit point de paſſion aſſez
forte, ny aſſez legitime pour empeſ-
cher tout voſtre eſprit : & ie me ſuis
imaginé que vous pourriez encor ouir
ma voix, au milieu des loüanges que le
Roy vous donne, & regarder les vœux
d'vn pauure particulier, parmy les teſ-
moignages de la reconnoiſſance publique. Il ne faut pas craindre, MON-
SEIGNEVR, que les bien faits qui me
vienent de voſtre main rēdent ſuſpectes
les choſes que ie veux dire de vous, n'y
qu'il facent d'autre effet ſur les ames de
ceux qui les ſçauront, que d'y confirmer
l'opinion qu'on a de voſtre magnificence. Il n'y a pas danger que la flatterie

trouue place, où il n'y a point de loü-
ange qui ne ſoit au deſſous de voſtre
vertu, ny que les hommes donnent vn
prix exceſſif à des actions, dont il n'y a
que Dieu ſeul qui puiſſe recompenſer
le merite ; outre que ie connois ſi peu
les artifices de la Rhetorique, & i'entens ſi mal cette ſcience qui ſe vante de
perſuader tout ce qu'elle veut ; que tant
s'en faut que ie ſçeuſſe deſguiſer vn mē-
ſonge, ou enfler vne matiere ſterille,
que ie ne ſens que trop combien mes
forces ſont petites, & mon eſprit eſt
foible, pour en ſouſtenir vne releuée.
Et i'ay à vous ſuplier tres-humblement,
MONSEIGNEVR, de me pardonner, ſi
parlant de vous ie ne dis point la verité
d'aſſes bonne grace, & ſi i'ay faute des
ornemens neceſſaires, & des lumieres
conuenables à la grandeur de mon ſu-
jet. Ie ne veux pas m'eſtendre ſur la victoire de Rhé, ny diſcourir d'vn euenement qui ne ſeroit pas creu de nos ne-
ueux, s'il eſtoit arriué ſous vn autre re-
gne que celuy-cy, ou par vne conduitte

moins fameuſe que la voſtre. Ie laiſſe
donc ce qui s'eſt paſſé en cette occa-
ſion, pour monter plus haut, & venir à
des conſiderations qui ne tombent
point en l'eſprit du peuple, & de ceux
qui ne ſont hômes que par les ſens. C'eſt
vne choſe eſtrange, MONSEIGNEVR,
des jugemens qui ont eſté faits ſur la
deſcente des Anglois en nos Iſles, &
des differentes paſſions qu'elle a exci-
tées parmy nous. Ie ne parle pas du ſen-
timent des Rebelles, ny des ſecrettes
eſperances de ceux qui croioient qu'il
y auroit quelque reuolution en leurs
affaires, & que la fortune auoit paſſé la
mer auec le Duc de Bouquinquan, pour
rebaſtir les ruines, & releuer le deſeſ-
poir de leur party. De ceux qui n'a-
uoient point de mauuais deſſeins, ou
dont les intereſts ne ſe confondoient
pas auec vne cauſe publique, les vns
eſtoient trauaillez du mal preſent, &
ne pouuoient ſe conſoler ſur l'auenir,
dont toutes les apparences eſtoient
funeſtes: Les autres eſtoient bien-aiſes

d'auoir pretexte de d'escrier le Gouuernement & se reiouïssoient des plaies
de l'Estat, qu'ils esperoient luy deuoir
faire changer de face : les plaintes du
peuple esclattoient de tous costez, &
peu de gens auoient de droites inten-
tions ou iugoient sainement en cette
occurrence. Mais, MONSEIGNEVR,
parmy tant de mouuemens qui surpre-
noient differemment les esprits, il s'en
est trouué qui n'ont pas desesperé des
affaires, & qui se sont doutez qu'il y
auoit icy ie ne sçay quoy d'estrange &
de fatal, & que Dieu meditoit quelque
chose de grand à la honte de nos ennemis, Et pour la reputation de cette Couronne. En effet il n'est rien arriué contre l'Ordre de sa prouidence, qui aueu-
gle ceux qu'elle veut chastier, afin qu'ils
courent à leur ruine : & permet que
ceux qu'elle veut esleuer soient trauer-
sez, afin qu'ils contribuent à leur grandeur, & qu'elle ne soit pas seule la cause de leur prosperité. Qui eust iamais
creu que l'Angleterre qui a des enne-

A iij

mis ſi puiſſans, & ſi redoutables, euſt
offenſé de gayeté de cœur ſes alliez,
& ſes amis? Qui euſt penſé qu'elle euſt
voulu reparer la diſgrace de Calix à nos
deſpens? Et comme ſi ce n'euſt point
eſté aſſez d'auoir inutillemēt irrité l'Eſ-
pagne, qu'elle fuſt encor venuë faire
vne nouuelle querelle, & chercher d'autres inimitiez en France? En fin qu'elle apparence que ceux qui ſont ſi fort
intereſſez en la decadence de l'Alemai-
gne, & aux pertes du d'Annemarch,
deuſſent troubler vn Eſtat, qui eſt le ſeul
azile de ſes voiſins affligez, & l'eſpe-
rance de toute l'Europe agitée? Certes il faut auoüer que l'impudence a
des moyens de faillir, qui ne ſeront
iamais compris par toute la raiſon des
Sages, & que la terre n'eſt pas plus eſloi-
gnée du Ciel, que les penſées de Dieu
ſont differentes de celles des hommes.
Il y a long-temps que la France eſtoit
reduitte en vn eſtat déplorable, & comme ces pauures corps qui ne gueriſſent
iamais, quoy qu'ils changent ſouuent

de fiéure; elle ne pouuoit iouïr d'vne
parfaite santé : & le repos qui luy arri-
uoit, & toutes les paix que nous faisiõs,
n'estoient que les interualles des accés,
& les remises de la guerre. Puis que
Dieu auoit resolu de mettre fin à ses
maux, & de luy rendre son ancienne
felicité, il falloit qu'elle sentist premie-
ment quelque sorte d'agitation, & que
cette admirable guerison qu'il luy pre-
paroit, eust vne crise qui la precedast.
C'est en cette sorte qu'il dispense le plus
souuent, comme i'ay dit, les grands
biens qu'il fait aux hommes, & les faueurs extraordinaires qu'il leur enuoïe.
Il a donné la loy à Moyse au bruit du
tonnerre, & parmy les esclats des fou-
dres : la tempeste a marché deuant luy,
lors qu'il a voulu parler à vn Prophete;
& quand il luy a pleu de mourir pour le
genre humain, la terre a tremblé : les
sepulchres ont vomy les morts, & le
Soleil a perdu toute sa lumiere. Et bien
qu'il n'employe pas tousiours les esle-
mens, & ne trouble point la nature,

pour nous difpofer a receuoir fes bien-
faits, Ie trouue pour moy que fon adref-
fe paroit dauantage à fe feruir vtile-
ment de la malice des hommes, & à
vfer bien du defreiglement des caufes
libres, qu'à gouuerner les neceffaires.
Et certes n'eftoit ce grand fecret qu'il à
de tirer le bien du mal, nous ne fçau-
rions dire pourquoy eft-ce qu'il fouffre
les mefchants au monde, & fa prouidence qui fe monftre par tout ailleurs,
& qui a laiffé aux poifons mefmes quelque vfage falutaire, fe feroit dementie
en ceft endroit, & auroit failly au plus
important de fes ouurages. Il n'y a donc
rien d'eftrange qu'en l'affaire des Anglois, le commencemēt ne nous ait pas
efté fauorable, & que Dieu nous ait
voulu exercer, auant que de nous bien-
faire. Mais la merueille eft en cecy,
MONSEIGNEVR, de ce que vo' auez
fi heureufement accōmode voftre conduite à fes deffeins, & que vous nous
auez menez au port en d'efpit des vēts,
& de la tourmente. Auffi i'ofe affurer

qu'apres

qu'aprés la gloire du Roy, & le bien-
commun de la France, c'est pour vous
qu'il a laissé naistre ceste occasion , &
& qu'il la permis ainsi pour outirir vn
plus beau champ à vostre vertu , &
aiouster plus de lumiere à vostre vie paf-
fée. Nous sçauiõs bien la resolution que
vous apportez en vos disgraces parti-
culiere, & que vous auez toussiours vaincu la fortune, lors qu'elle vous a attaqué
tout seul. Mais qu'en vne occurrence
publique, vous n'eussiez point esté es-
branlé, lors que les autres estoient par
terre ; que vous eussiez esperé beaucoup , quand les plus courageux pouuoient legitimement craindre, & gar-
dé vostre constãce toute entiere dans le
trouble de l'Estat, apres auoir tesmoi-
gné vn zele incroyable , & vne ardeur
excessiue pour le conseruer , c'est ce
que la raison eust eü de la peine à nous
presuader , & où nous auions besoin de
l'experience pour le croire. Et neantmoins il est vray, MONSEIGNEVR,
qu'en vne si grande matiere d'estonne-

ment, vous auez tousiours presenté vn
mesme visage : vous n'auez point fait
vne action, qui ne fust digne de vostre
generosité : il ne vous est pas eschappé
vn mouuement, qui fust contraire à vne
ame libre de passion; & vous auez esté
si semblable à vous mesme, & auez
agy auec tant d'esgallité dans les affaires, qu'il n'y a point eü d'autre changement en vostre procedure, si ce n'est
qu'elle a paru plus ferme & plus coura-
geuse , qu'elle ne faisoit auparauant.
Quelque extréme que fust la necessité,
ou nous estions tombez, vous n'auez
pas creu qu'il y eust des moyens assez
justes pour nous sauuer, s'ils n'estoient
honorables : & au mesme temps que
vous auez accepté les offres d'Espai-
gne, pour ne sembler negliger rien de
ce qui nous pouuoit estre vtille , vous
auez fait assister les Hollandois , pour
conseruer la dignité de cette Couronne. Les Rebelles mesmes au plus fort
de leur insolence, ont admiré la grandeur de vostre courage , & en cette

malheureuſe conionture, où la France
eſtoit frappée au cœur par la maladie du
Roy, & la fiévre leur promettoit plus
de ſucces, que toutes les forces d'Angleterre, ils ont eſté eſtonnez de ſe voir
tout d'vn coup inueſtis, & de commen-
cer à ſouffrir la peine qu'ils meritoient,
lors qu'ils s'attendoient d'eſtre recher-
chez pour accommoder les affaires, &
receuoir la recompenſe de leur crime.
En vn mot, quand vous euſſiez eü vne
connoiſſance certaine de l'auenir, &
que par vne reuelation infaillible vous
euſſiez eſté aſſuré de l'euenement des
choſes; vous ne pouuiez agir plus ge-
nereuſement que vous auez fait, ny
vous ſeruir d'vne conduite plus hardie,
que celle que nous auons veuë. Ie par-
lerois icy de la deſpenſe & de la profu-
ſion auec laquelle vous auez ſecouru
l'Eſtat : n'eſtoit que i'ay peur, MON-
SEIGNEVR, qu'il ne ſemble que ce
ſoit vne matiére trop baſſe, pour loüer
vn homme, qui a les inclinations ſi
hautes que vous, & dont les penſées ne

finent iamais attachées à la terre ; &
qu'il n'y a point d'apparence, qu'a ban-
donnant voftre santé, comme vous faites, & mefprifant voftre vie pour le falut du Public, vous conntiez entre les
grands feruices que vous luy rendez la
perte des biens, & la diminution de
vos commoditez. Mais puis que les
richeffes font vne partie de la grandeur
des hommes, & qu'elles entrent en la
compofition de la felicité Politique;
permettez moy, MONSEIGNEVR,
de vous dire, que la Pofterité ne mettra
pas au nombre de vos plus petites
actions, ny entre les exemples moins
illuftres de la vertu de ce temps, de ce
que vous auez engagé ce que vous auiez
de meilleur, & de plus precieux, & obligé voftre credit iufques au bout pour la
fortune de la France. Ie ne dis rien auffi du trauail opiniâtre, & violent que
vous auez fouftenu, pour preparer les
caufes de la victoire de Rhé. Il fuffit que
ces grands foins ont efté efclairez des
yeux du Roy, & que l'effet qui en eft

suiuy, a surmonté les esperances, &
remply les desirs de ceux qui ne met-
tent point de bornes aux passions legi-
times. Ie viens donc au siege de la Rochelle, & à cette Reduction miracu-
leuse qui a pour prix l'affermissement
d'vne Puissance Souueraine, & le repos
de tout vn Royaume. La, MONSEI-
GNEVR, vous auez fait voir que vous
estiez capable de toutes les grandes
choses, & qu'en la guerre, non plus
qu'en la paix, il n'y auoit rien qui fust
impossible a vostre prudence, & a vostre courage. Vous auez rencontré des
difficultez qui eussent estonné vne ame
moins resolue, que la vostre: & il vous
a fallu donter la mer, & resister au pouuoir des Astres, pour flechir le courage
des Rebelles. Quoy que l'hiuer fust plus
desreglé, qu'il n'a coustume de l'estre,
& que les eaux, ou la neige ne partissent
iamais de dessus la face de la terre; neantmoins graces à Dieu, & au bon
ordre que vous y auez mis, rien n'a pû
retarder nostre trauail, & nostre armée

s'eſt moquée des iniures de la ſaiſon,
auſſi bien que du canon des ennemis, &
des ſorties qu'ils ont faites. Vous eſtes
le premier qui a fait voir l'abondance
parmy nos trouppes : Vous n'auez
point laiſſé de matiere à l'auarice des
Capitaines , & ces laſches prattiques
des Financiers ; qui ont arreſté ſi ſouuent nos conqueſtes : qui nous ont deſ-
fait tant d'armées , & d'où nous eſt en
partie arriuée la perte de la plus belle
portion de l'Italie, ont ceſſé ſous voſtre
conduitte. Et afin que l'iſſuë d'vne ſi
belle entrepriſe reſpondit à des progrés
ſi heureux , & qu'il n'y euſt rien à deſirer
pour la perfection d'vne œuure ſi excel-
lente ; la victoire eſt venuë toute pure,
& les triomphes du Roy n'ont pas eſté
tachez du ſang des ſiens , ny troublez
d'aucune plainte, que de celle des vain-
cus. Et en cecy , MONSEIGNEVR,
nous auons appris le grand ſecret de la
diſcipline militaire, & que la fin de
cette ſcience ne ſont pas les combats,
& la mort des ennemis, mais la victoi-

ré, & la paix. Nous auons appris que
la vaillance est vne vertu trop funeste,
& qu'elles est de ces remedes, dont on
ne se doit seruir que quand tous les autres manquent. Nous auons appris que
le succes d'vne guerre pour estre heureux, doit moins dependre du bras des
soldats, que de la teste de ceux qui cõ-
mandent ; & qu'vn general d'armée
doit euiter les euenemens, dont la
honte n'est que pour luy, & la gloire
se partage auec la fortune, & auec
tous ceux qui le suiuent. Aussi,
MONSEIGNEVR, qui est-ce
qui ignore, que l'entreprise de la Digue,
& l'accomplissement d'vn si haut dessein ne soient des effets particuliers de
vostre authorité, & de vostre constan-
ce? Et qui ne sçay que sans vous la lon-
gueur du trauail, la difficulté de l'ouurage, la grandeur de la despense, &
l'humeur mesme des François auroient
combatu vne proposition, qui a rendu
nos esperances certaines, & la victoire
asseurée. Enfin on diroit que les An-

glois se sont entendus auec la fortune
de la France, & ces puissans equipages
auec lesquels ils ont paru, semblent
auoir esté dressez, non pour s'opposer
aux armes du Roy, & secourir les Rebelles, mais pour luy venir ceder l'Em-
pire de la mer, dont ils estoient en pos-
session depuis tant d'années, & metre
à ses pieds l'honneur de tant de combats, qu'ils ont gaignés sur cet element.
La Rochelle dont a esté rengée, & cette
inuincible qui passoit dans le monde
pour l'exemple des places fortes : qui
auoit receu tant d'auantages de l'Art &
de la nature, & qui eust pû borner l'Am-
bition d'vn conquerant, & acheuer l'experience d'vn vieux General d'Armée,
sert maintenant de Trophées à la valeur
d'vn jeune Prince, & d'argument glo-
rieux à vostre industrie. Que les Romains esleuent tant qu'ils voudront le
merite de Lucullus, qui deuint Capi-
taine parmy les liures, & apprit dans le
cabinet à commander les armées; Que
Selin parle du dessein qu'il a eu d'atta-

quer

quer Rhodes, auffi hautement que de la
ruine des Mammelus, & de la con-
quefte de l'Egipte. Que Scipion fe
contente d'auoir vaincu Hanibal, &
qu'il laiffe à vn autre la gloire de pren-
dre Carthage, & l'honneur de triom-
pher de la riuale de Rome. Nous pouuons dire fans mentir, qu'il s'eft paffé de
noftre temps quelque chofe de plus
rare, & plus remarquable que tout cela,
& nous auons dequoy oppofer les éue-
nemens d'vn peu de mois, aux merueilles de plufieurs fiecles. Il eft certain,
MONSEIGNEVR, que voftre fuffi-
fance a paru dauentage que celle de Lucullus, en vn art plus éloigné de voftre
profeffion ordinaire, qu'il ne l'eftoit de
celle de l'autre: vne ville plus forte que
Rhodes, a efté attaquée & prife, & le
mefme Chef qui a furmonté les Anglois, a veu tomber la Rochelle. Quãd
nous nous fouuenons de Montauban,
& de Montpellier, & de ces fanglans
fieges fameux par la mort de nos Prin-
ces: Quand nous penfons qu'on achete

C

bien souuent les prosperitez Publi-
ques par le malheur des particuliers.
Quand nous considerons qu'il n'est
rien de si dangereux, que de forcer les
opiniatres, & combatre les desesperez,
nous ne pouuons asses estimer vne Conqueste, qui coute si peu que la nostre:
Et si sauuer la vie d'vn Citoien a autre-
fois merité vne Couronne, nous ne
sçauons, MONSEIGNEVR, qu'elle
recognoissance vous rendre, ny qu'elles marques d'honneur consacrer à vostre memoire, pour auoir espargné tant
de Noblesse, & conserué tant de gens
de bien, qui fussent peris aux bresches
de la Rochelle. Mais le principal fruit
de la victoire, & qui doit s'estendre
iusques dans le Ciel, & reiouir les An-
ges, ce sera la ruine de l'Heresie. Ie
n'entens pas que pour cela on doiue se
seruir de remedes violens, ny employer
le fer, & le feu pour guerir des maladies
qui ne sont pas corporelles. Ie veus
seulement dire, que les causes qui
auoiēt fait naistre l'erreur estant ostées,

& les moiens qui l'entretenoient, ve-
nant à manquer; elle cessera sans nulle
peine; & la verité sera receue auec ardeur, quand il n'y aura plus d'interest
qui la combatte, ny de Puissance qui
luy soit contraire. Dieu auoit permis
en sa colere qu'il s'esleuast des esprits
brouillons parmy nous, & qu'en France son Eglise fust affligée de nouuelles
opinions, afin qu'elle ne laissast eschap-
per les fondemens, ny corrompre la pu-
reté des Anciennes. Le calme dont
elle iouïssoit depuis vn long-temps, &
l'oysiueté qui l'accompaigne presque
tousiours, auoient introduit des abus
qui offensoient le sens des hômes d'es-
prit, & le peuple se deffioit de la doctrine des Pasteurs, à cause de la licence de
leur vie. Les Innouateurs qui ne cher-
choient qu'à secouer impunement le
ioug, & se soustraire auec pretexte de
l'obeissance des Superieurs, se sont ser-
uis de cette occasion, pour executer
leur dessein. Au lieu d'émonder les bran-
ches, ils ont tasché de coupper le tronc.

Ils ont chargé l'Eglise vniuerselle de la
faute des Particuliers : Ils ont appellé
les sens au iugement des choses, qui
sont au dessus de la raison, & flattans
les inclinations de la nature corrom-
puë pour le plaisir de cette vie, ils n'ont
rien laissé à craindre, ny rien à n'espe-
rer pas en l'autre, à ceux qui croiroient
seulement. Il ne faut point s'estonner
qu'vne doctrine si cõmode ait d'abord
trouué de la faueur, ny qu'elle ait gaigné
des ames, qui estoient disposées au
changement, & qui manquoient d'in-
struction necessaire pour luy faire resistance. Cependant les broülleries de la
Court neés de la minorité de nos Roys,
& les querelles qui sont suruenuës entre les grands de ce Royaume, en ont
obligé quelques vns à tendre les bras à
cette nouuelle Secte ; & comme il est
certain que le premier pas que fait l'heresie, c'est toujours vers la Rebellion; il
s'est de là formé vn Party si puissant au-
millieu de l'Estat, qu'il a pû du depuis
se maintenir sur ses propres forces, &

se rendre formidable à l'hautliorité souueraine. Nos Docteurs à la verité se
sont esueillez au bruit de l'orage, &
ont excité leur zele pour la defense de
la cause de Dieu. Mais quelque raison
qu'ils ayent euë de leur costé, & quelque diligence qu'ils y ayent apportée;
ils n'ont pû tout à fait vaincre le mal:
& tout le fruit de leur trauail a esté d'a-
uoir asseuré ceux qui branloient, & ra-
mené quelques ames de prix, & vn
certain nombre d'autres au chemin de
la verité. Et cela n'est pas fort estrange,
ny ne doit rien diminuer de l'excellen-
ce de nostre Religion. Car bien que la
Foy soit vn don de Dieu, & vne lumiere qui nous vient d'enhaut; il n'en est
pas pourtant que nous receuions auec
plus de liberté qu'elle, ny qui depende
dauantage de nostre choix, & si elle
n'estoit vn des fondemens de nostre salut, & si la Bible n'estoit pleine de fou-
dre contre l'incredulité; peu de gens
captiueroient leur entendement, &
cette grande vertu seroit la plus negli-

C iij

gée de toutes. Certainement puis que
tout le monde auoüe, qu'il y a fort peu
de veritez en la nature, dont la clarté
conuainque nostre raison, & dont elle
ne puisse se deffendre, si nostre volonté
le veut. Ce n'est pas merueille si aux
matieres de foy, qui ne nous sont pre-
sentées qu'en ænigme, & sous des nua-
ges, nous ne croions qu'autât qu'il nous
plaist, & que nous y sommes obligez
pour tesmoigner à Dieu nostre obeissance. C'est seulement dans le Ciel, &
en la visiõ des Bien-heureux, où le bien,
& la verité font des impressions neces-
saires, & les esprits souffrent des violen-
ces qui causent leur felicité. Mais ça-
bas il n'en va pas ainsi, & ceux qui ont
trouué des defaux en l'establissemēt de
la Religion, & moins de lumiere qu'ils
ne voudroient aux Reuelations qui ont
esté faites, ont mal compris le secret de
Dieu, & l'artifice de sa prouidence. Il a
eu vn tel soin en nous dispensant les
dons de l'vsage du franc Arbitre, qu'il
a voulu que nous puissions en partie

meriter les faueurs qu'il nous faisoit , & que les mesmes biens qui doiuent estre dans le Ciel, des tesmoignages de sa bõté, & des effets de sa grace, fussent aussi la recompense de nostre vertu , & les marques de sa Iustice. Or afin d'esten-dre dauantage la matiere de nostre me-rite , & qu'il n'y eust point en nous de puissance qui n'en fust capable, Il n'a pas seulement soumis les passions , & les mouuemens de la partie sensible au pouuoir de la volonté , mais il a encor voulu que l'entendement luy fust sujet, & qu'elle disposast de ses plus hautes operations, & plus importantes à no-stre salut. Et comme il a accompaigné ses Reuelations de marques si viues , & d'argumens si violens de sa Diuinité, qu'il faut pour les rejetter, estre aueu-glé de passion, & n'auoir point de pru-dence, il ne s'est pas aussi monstré auec tant de clarté, & vne euidēce si parfaite, que l'entendement en fust totallement conuaincu, & qu'il n'y eust quelque reste de difficulté, pour exercer la vo-

lonté, & estre emporté de force. Cela
estant ne trouuons plus estrange, si tant
de grands hommes que Dieu a suscitez,
depuis la naissance de l'heresie, & tous
ces diuins ouurages, que nous auons
veus auec estonnement, ont fait si peu
d'impression sur des ames confirmées
en l'erreur & qui estoient entierement
resolues à ne changer point de creance.
Encore moins se faut il estonner d'vne
si forte resolution, & d'vn endurcisse-
ment si inuincible, si nous considerons
que cette fausse & bastarde doctrine
auec laquelle on nous est venu persecu-
ter, a rencontré si peu de resistance à
son auenement, & qu'elle a esté du depuis soustenue de la prosperité d'vn party, qui est deuenu assés heureux, pour
iouir des auantages de ceux qui viuent
dans la Monarchie, & aspirer à la liberté du gouuernement Populaire. Où les
Ministres auec l'amour & le respect de
ceux qui estoient sous leur conduite,
estoient nourris en l'esperance de plus
grands biens, si Dieu n'eust rompu
leur

leur deffein : où les gens de merite trou-
uoient toufiours du fupport , & ceux
qui auoient bien feruy de la recompen-
fe : où les Crimihels ne manquoient iamais d'impunité , pourueu qu'ils fuf-
fent vtiles à la caufe ; & où tous gene-
rallement reffentoient les effets de
cette ciuile correfpondance, & charité
politique qui conferuent les Partis.
Mais maintenant que la Rebellion s'en
va deftruitte, & qu'il n'y aura plus de
feureté que dans l'obeiffance , ny de
grandeur qui ne depende de Souuerain;
Les affaires de l'Eglife prendront vn
autre vifage : on ne mettra plus d'ob-
ftacle au deuant de la verité : Ceux qui
ont efté enchantez aideront à rompre
leurs charmes , & il ny aura perfonne
qui ne foit bien-aife de rencontrer fon
falut , où il efpere fa fortune. C'eft
maintenant plus que iamais que les
liures de Controuerfes feront de ferui-
ce : que cette admirable refponfe en
laquelle vous auez foulé l'orgueil des
quatre premiers Miniftres de la France,

D

faira son operation, & que les œuures
de cét autre grand Cardinal, dont la
doctrine a esté si rare, & la memoire
sera reuerée iusque à la fin du monde,
rameneront à Dieu les ames qui sont
lasses de s'esgarer. C'est maintenant
plus que iamais, que les Athées peuuēt
remarquer en la vie du Roy des argumens visibles de la Prouidence : que
les Politiques doiuent comprendre
que le bon-heur d'vn Estat se mesure
par la pieté, & la iustice du Prince, &
& que vos ennemis sont contrains de
confesser, que vous auez eu par le passé
autant de zele qu'eux pour le bien de la
Religion, mais plus de prudence. Ie
voy bien que ie me suis trop estendu
sur des considerations, dont vous n'a-
uez pas besoin, & que i'ay eu tort de
vous entretenir si long-temps de choses, que vous sçauez mieux que moy.
Mais, MONSEIGNEVR, ie vous su-
plie de considerer, qu'il est presque impossible de ne s'emporter pas en vn sujet, apres lequel on réue souuent : Et

il est vray que la faute m'a semblé si belle, apres l'auoir faite, que ie n'ay pû la
corriger. De ce que dessus il est aisé à
voir, que comme le Roy ne pouuoit
aquerir vne plus grande gloire, que d'a-
uoir recouuré en peu de temps les pertes de plusieurs regnes, & acheué ce
que son Pere auoit douté d'entreprendre. Ce ne vous doit point estre aussi
vne petite satisfaction, ny vn leger tes-
moignage de vostre vertu, d'estre venu
à bout d'vn dessein qui resistoit au sen-
timent de tant de gens, & que les sages
qui ont gouuerné deuant vous, auoient
iugé impossible. En suitte de cecy, il est
encor aisé, MONSEIGNEVR, à
remarquer en vostre personne, deux
conditions fort rares, & fort extraordinaires. L'vne est, que de tous ceux
qui ont iamais esté appellez à la conduite des Estats, & eü entre les mains vne
puissance proche de la Souueraine, il n'y
en a quasi point iusques à vous, qui du-
rant le temps de leur administration
n'ayent esté communément condam-

D ij

nez, & dont le merite ait esté bien re-
connu, que par la mort, ou par la dis-
grace. C'est tousiours vn crime pour
les Grands, que de s'esleuer au dessus
d'eux, & le peuple est naturellement
contraire à ceux qui gouuernent, &
iniuste enuers ses Superieurs. Il se prend
tousiours à eux des maux qui luy arriuēt
& leur impute la peine de ses folies,
& les effets de son malheur. Ce n'est
pas asses pour luy qu'ils soient impec-
cables, quoy qu'ils soient hommes,
s'ils ne reparent encor les fautes de
leurs Predecesseurs, & s'ils ne sont tousiours heureux. Il blasme en eux les
vertus qui ne sont pas de son vsage, ou
qui sont au dessus de son sens : & la
Magnificence luy est odieuse, à cause
qu'ils ne peut l'exercer, & la Prudence
Politique luy est suspecte, dautant qu'il
ne la peut comprendre. Et neantmoins,
MONSEIGNEVR, vous auez vaincu
ces difficultez, & tout le monde est auiourd'huy d'accord que vostre grandeur n'est pas vn ouurage de la fortune,

& que vous n'auez befoin que de la Iu-
ftice du Roy, pour la continuation de
voftre Puiffance. Plufieurs des Grands
recognoiffent en vous plus de fuffifan-
ce, & de probité, qu'ils ne defireroient;
vous n'en receuez pas des honneurs,
qui foient feints, ny des loüanges que
leur fentiment defauoüe. Voftre nom
eft en benediction en la bouche des
petits, & il ne vous refte plus pour eftre
les delices du Peuple, que d'ofter les
maux de la Paix, Apres auoir arraché
les femences de la guerre. Nos voifins
mefmes qui regardent le Roy, comme
vn Prince efleu pour le bien du monde,
& pour eftre l'Arbitre des differens de
la Chreftienté, ont auffi les yeux fur
vous, comme fur le premier Mobile de
fes deffeins, & le principal inftrument
des grandes chofes qu'il doit faire. Sur
tout la pauure Italie qui fe voit expofée
à vne manifefte oppreffion, & qui eft
encore à chercher vn pretexte pour la
violence qu'on luy fait, reclame fa iu-
ftice, & implore fa protection pour ce

D iij

peu de liberté qui luy reste. La seconde
condition, & qui vous regarde de plus
pres que la premiere, est que vous nous
estes totallement necessaire, & que
nous deuons aprehender dauantage vostre repos, que la mauuaise volonté de
nos ennemis. C'est vne necessité,
MONSEIGNEVR, qui n'est point
fondée, ny sur les incohueniens que le
changement apporte quelquefois, ny
sur le danger qu'il y a de tirer vn malade
d'entre les mains d'vn medecin, qui
connoit parfaictement son humeur, &
les maladies: mais dautant que verita-
blement vous auez ensemble, & en vn
degré eminent, toutes les qualitez pour
gouuerner, qui ne se rencontrent gueres ailleurs, que separées, ou foibles.
Il y en a qui ont asses d'intelligence
dans les affaires, & beaucoup d'affe-
ction au seruice de leur Maistre; mais
comme dans les Mathematiques on
void des Demonstrations, qu'on ne
peut mettre en prattique, non pour
n'estre pas certaines, mais pource que

la matiere y reſiſte. De meſme certes
ceux-là ne peuuent ſe porter aux reſo
lutions difficiles, & aux entrepriſes fortes, quoy qu'ils les iugent neceſſaires
à cauſe du vice du temperament, & de
la molleſſe de leur nature. D'autres ont
à la verité l'eſprit ſouple, & ſont capa-
bles de conſeils genereux; mais, dautant qu'ils s'aiment ſans meſure, &
qu'ils n'ont point de vertu qui ne ſoit
intereſſée, le public n'en reçoit gueres
de bien que par reflexion, & touſiours
ſans preiudice de leurs intriques. Enfin
les meilleurs auis, & les plus ſalutaires
reſolutions, ont d'ordinaire beſoin
d'vn tiers qui les execute, lequel ſoit
qu'il ait faute de ſuffiſance, ou de fide-
lité, ou qu'eſtant lié par les ordres qu'on
luy a preſcrits, il ne puiſſe pas agir ſe-
lon l'exigence des occaſions, en rend
quelquefois l'euenement funeſte. Mais
pour vous, MONSEIGNEVR, vous
auez en toutes choſes des lumieres ſi
viues, qu'il ſemble que vous n'ayez pas
beſoin de diſcourir pour trouuer la ve-

rité, comme vous n'auez pas eu besoin
de la veillesse pour estre sage. Vous auez
vn courage qui est au dessus de tous les
accidens de la vie, & que rien iamais
n'a empesché d'entreprendre les choses iustes, & l'amour que vous portez
à vostre Maistre, & la ialousie de son
seruice vous forcent à tout voir, & à
tout faire. Vous auez esté exenté de la
condition des Peres, à qui la fortune
des Enfans est quelquefois plus-chere,
que leur propre conscience : vous ne
pouuez estre detourné de la poursuite
du bien par les plaisirs du corps, dont
vous haissez les vns, & les maladies
vous ostent les autres, & puis que de
tous les contentemens il n'y a que ceux
de l'ame qui vous restent, qui peut dou-
ter que vous ne les cherchiez dans les
bonnes actions, puis qu'il n'y a qu'elles
seules qui les donnent. Continuez
donc, MONSEIGNEVR, vos
grands proiects, & poursuiuez ces genereux desseins, que vous auez preparez
pour la gloire du nom François. Les
difficultez

difficultez passées vous-doiuent seruir
de présage, pour les prosperitez de l'a-
uenir. Il n'y eust iamais de grand succés,
dont les commencemens n'ayent eü
de grandes trauerses, & les Romains
n'eussent point songé à la conqueste du
monde, & à donner la loy à toutes les
nations de la terre, s'ils n'eussent esté
troublez à leur auenemét, & contrains
par leurs voisins à deuenir les maistres
de tous. Souuenez-vous que vous ser-
iez vn Prince, de qui la fortune est
amoureuse, à qui les Elemés obeïssent,
& pour qui le Ciel fait des miracles.
Consideréz que ses victoires ne sont pas
attachées aux regles, & au cours ordinaire de la guerre. Il a vaincu les Anglois contre les apparences humaines:
Il a donté la Rochelle par des moiens
dont on ne se fust iamais douté, & la
cheute volontaire de l'heresie sera bien-
tost le plus remarquable de ses trophées. Et vous qui auez si dignement
secondé ses Royalles inclinations, & eü
tant de part aux merueilles que nous

auons veües ; iouïssez de ce contentement de sçauoir, que vostre
conduite est auiourd'huy loüée de
tout le monde, & qu'il ne vous est
pas permis de songer à vostre repos,
sans estre ennemy de celuy de vostre Patrie : Ie finis apres auoir pro-
testé, qu'en-cor que le deüoir, &
mon inclination m'ayent en partie
solicité à vous escrire, le bien pourtant de la Religion que vous auez pro-
curé : La reputation de la France,
que vous auez restablie : La gloire du
Roy, à la quelle vous auez tant ser-
uy, & le respect de la vertu, dont
vous auez donné des exemples si rares, ont esté les principaux motifs de
cette lettre. Et ie vous auoüe,
MONSEIGNEVR, que quel-
que grande que soit la reconnois-
sance que ie vous doy, & quelque
extreme le ressentiment qui me de-
meure de vos bien-faicts ; ie ne se-
rois pas entierement satisfait en moy

mesme, si ie n'estois obligé, par vne
plus noble consideration, que celle
de l'interest, d'estre comme ie suis.

MONSEIGNEVR,

Vostre-tres-humble, tres-fidelle,
& tres-obeïssant seruiteur
SILHON.

A Venise ce 20.
Decembre 1628.

Extraict du Priuilege du Roy.

PAr grace & priuilege du Roy, il est permis à Toussainct du Bray, Marchand
Libraire iuré à Paris, d'imprimer ou faire imprimer & exposer en vente, vn *Panegyrique*,
dedié à Monseigneur le Cardinal de Richelieu,
Composé par le sieur de Silhon, & deffences
sont faites à tous Marchads Libraires, impri-
meurs, & autres, de l'imprimer, vendre ny d'i-
stribuer, contre-faire ny alterer, sans le con-
sentemet dudit du Bray, pendant le temps *de
six ans* entiers & accomplis, à peine aux con-
treuenans de cinq cens liures d'amende, con-
fiscation des exemplaires contrefaits, & de
tous les despens dommages & interests. Ainsi
que plus au long est contenu audit Priuilege.
Donné à Paris le 20. Decembre 1628.

Par le Roy en son Conseil. Ropuard.

9 782019 980658